AF218772

Impressum
Verlag: BABADADA GmbH, Nedderfeld 112 , 22529 Hamburg
Geschäftsführer / Verlagsleitung: Harald Hof
Druck: Books on Demand GmbH, In de Tarpen 42, 22848 Norderstedt

Imprint
Publisher: BABADADA GmbH, Nedderfeld 112 , 22529 Hamburg, Germany
Managing Director / Publishing direction: Harald Hof
Print: Books on Demand GmbH, In de Tarpen 42, 22848 Norderstedt

el aula
salle de classe

dividir
diviser

186/2

el pizarrón
tableau noir

el patio de la escuela
cour (de récréation)

el maestro
professeur

el papel
papier

escribir
écrire

la birome
stylo

el escritorio
bureau

la regla
règle

el libro
livre

el alumno
élève

la mochila

cartable

la caja de lápices

trousse

el lápiz

crayon

el sacapuntas

taille-crayon

la goma (de borrar)

gomme

el bloc de dibujo

carnet à dessin

el dibujo

dessin

el pincel

pinceau

la caja de pinturas

boîte de peinture

la tijera

ciseaux

el pegamento

colle

el cuaderno de ejercicios

cahier d'exercices

la tarea

devoirs

el número

chiffre

sumar

additionner

restar

soustraire

multiplicar

multiplier

calcular

calculer

la letra

lettre

el abecedario

alphabet

la palabra

mot

el texto

texte

leer

lire

la tiza

craie

la lección

leçon

el cuaderno de clase

livre de classe

el examen

examen

el certificado

certificat

el uniforme escolar

uniforme scolaire

la educación

formation

la enciclopedia

lexique

la universidad

université

el microscopio

microscope

el mapa

carte

el tacho (de basura)

corbeille à papier

el hotel
hôtel

el hostel
auberge

la casa de cambio
bureau de change

la valija
valise

el auto
voiture

el idioma

langue

sí / no

oui / non

Está bien

d'accord

hola

Salut

el traductor

interprète

Gracias

merci

¿cuánto cuesta...?

Combien coûte...?

No entiendo

Je ne comprends pas

el problema

problème

¡Buenas tardes!

Bonsoir !

¡Buenos días!

Bonjour !

¡Buenas noches!

Bonne nuit !

el adiós

Au revoir

la dirección

direction

el equipaje

bagages

el bolso

sac

la mochila

sac-à-dos

el invitado

hôte

la habitación

pièce

la bolsa de dormir

sac de couchage

la carpa

tente

la información turística

office de tourisme

la playa

plage

la tarjeta de crédito

carte de crédit

el desayuno

petit-déjeuner

el almuerzo

déjeuner

la cena

dîner

el pasaje

billet

el ascensor

ascenseur

el sello

timbre

la frontera

frontière

la aduana

douane

la embajada

ambassade

la visa

visa

el pasaporte

passeport

el avión
avion

el barco
navire

la autobomba
véhicule de pompiers

el colectivo
bus

el camión
camion

la lancha a motor
bateau à moteur

la bicicleta
bicyclette

el auto
voiture

el ferry

ferry

el bote

barque

la moto

moto

el patrullero

voiture de police

el auto de carreras

voiture de course

el auto de alquiler

voiture de location

el alquiler de autos

auto-partage

la grúa

voiture de remorquage

el camión de la basura

benne à ordures

el motor

moteur

la nafta

essence

la estación de servicio

station d'essence

la señal de tránsito

panneau indicateur

el tránsito

trafic

el embotellamiento

embouteillage

el estacionamiento

parking

la estación de tren

gare

las vías

rails

el tren

train

el tranvía

tramway

el vagón

wagon

el helicóptero

hélicoptère

el aeropuerto

aéroport

la torre

tour

el pasajero

passager

el contenedor

conteneur

la caja de cartón

carton

la carretilla

chariot

la canasta

corbeille

despegar / aterrizar

décoller / atterrir

la ciudad
ville

el pueblo

village

el centro de la ciudad

centre-ville

la casa

maison

el cine
cinéma

la publicidad
publicité

CINEMA

el farol
réverbère

la calle
rue

el taxi
taxi

el kiosco
kiosque

el peatón
piéton

la vereda
trottoir

el paso peatonal
passage piéton

el contenedor de basura
poubelle

el cruce
carrefour

el semáforo
feux de circulation

la cabaña
cabane

el departamento
appartement

la estación de tren
gare

la municipalidad
mairie

el museo
musée

el colegio
école

la universidad

université

el banco

banque

el hospital

hôpital

el hotel

hôtel

la farmacia

pharmacie

la oficina

bureau

la librería

librairie

el negocio

magasin

la florería

fleuriste

el supermercado

supermarché

el mercado

marché

las grandes tiendas

grand magasin

la pescadería

poissonnerie

el centro comercial

centre commercial

el puerto

port

el parque

parc

el banco

banque

el puente

pont

las escaleras

escaliers

el subte

métro

el túnel

tunnel

la parada del colectivo

arrêt de bus

el bar

bar

el restaurante

restaurant

el buzón

boîte à lettres

el letrero

panneau indicateur

el parquímetro

parcmètre

el zoológico

zoo

la pileta

piscine

la mezquita

mosquée

la granja

ferme

la contaminación

pollution

el cementerio

cimetière

la iglesia

église

los juegos infantiles

aire de jeux

el templo

temple

el paisaje
paysage

la hoja
feuille

el poste indicador
panneau indicateur

el camino
chemin

la pradera
pré

la piedra
pierre

el árbol
arbre

el excursionista
randonneur

el río
rivière

la hierba
herbe

la flor
fleur

el valle

vallée

la montaña

montagne

el lago

lac

el bosque

forêt

el desierto

désert

el volcán

volcan

el castillo

château

el arco iris

arc-en-ciel

el champiñón

champignon

la palmera

palmier

el mosquito

moustique

la mosca

mouche

la hormiga

fourmis

la abeja

abeille

la araña

araignée

el escarabajo

coléoptère

la rana

grenouille

la ardilla

écureuil

el erizo

hérisson

la liebre

lièvre

la lechuza

chouette

el pájaro

oiseau

el cisne

cygne

el jabalí

sanglier

el ciervo

cerf

el alce

élan

la presa

barrage

el aerogenerador

éolienne

el panel solar

panneau solaire

el clima

climat

el mozo
serveur

el menú
menu

la silla
chaise

la sopa
soupe

la pizza
pizza

los cubiertos
couverts

el mantel
nappe

la entrada

hors d'œuvre

el plato principal

plat principal

el postre

dessert

las bebidas

boissons

la comida

alimentation

la botella

bouteille

la comida rápida

fast-food

la comida callejera

plats à emporter

la tetera

théière

la azucarera

sucrier

la porción

portion

la cafetera expreso

machine à expresso

la sillita alta

chaise haute

la cuenta

facture

la bandeja

plateau

el cuchillo

couteau

el tenedor

fourchette

la cuchara

cuillère

la cucharita

cuillère à thé

la servilleta

serviette

el vaso

verre

el plato

assiette

el plato hondo

assiette à soupe

el plato

soucoupe

la salsa

sauce

el salero

salière

el molinillo de pimienta

moulin à poivre

el vinagre

vinaigre

el aceite

huile

las especias

épices

el kétchup

ketchup

la mostaza

moutarde

la mayonesa

mayonnaise

la oferta especial
offre promotionnelle

el cliente
client

los lácteos
produits laitiers

la fruta
fruits

el changuito
chariot

FOR

la carnicería

boucherie

la panadería

boulangerie

pesar

peser

las verduras

légumes

la carne

viande

los alimentos congelados

aliments surgelés

los fiambres

charcuterie

los alimentos enlatados

conserves

el detergente en polvo

poudre à lessive

las golosinas

bonbons

los electrodomésticos

articles ménagers

los productos de limpieza

détergents

la vendedora

vendeuse

la caja

caisse

el cajero

caissier

la lista de compras

liste d'achats

el horario de atención

heures d'ouverture

la billetera

portefeuille

la tarjeta de crédito

carte de crédit

la cartera

sac

la bolsa de plástico

sac en plastique

el agua

eau

el jugo

jus de fruit

la leche

lait

la bebida cola

coca

el vino

vin

la cerveza

bière

el alcohol

alcool

el cacao

chocolat chaud

el té

thé

el café

café

el café expreso

expresso

el cappuccino

cappuccino

la banana

banane

la manzana

pomme

la naranja

orange

el melón

melon

el limón

citron

la zanahoria

carotte

el ajo

ail

el bambú

bambou

la cebolla

oignon

el champiñón

champignon

las nueces

noisettes

los fideos

pâtes

los tallarines

spaghetti

el arroz

riz

la ensalada

salade

las papas fritas

pommes frites

las papas fritas

pommes de terre rôties

la pizza

pizza

la hamburguesa

hamburger

el sándwich

sandwich

el churrasco

escalope

el jamón

jambon

el salame

salami

la salchicha

saucisse

el pollo

poulet

el asado

rôti

el pescado

poisson

los copos de avena

flocons d'avoine

el muesli

muesli

los copos de maíz

cornflakes

la harina

farine

la medialuna

croissant

el pancito

petits-pains

el pan

pain

la tostada

pain grillé

las galletitas

biscuits

la manteca

beurre

la cuajada

le fromage blanc

la torta

gâteau

el huevo

œuf

el huevo frito

œuf au plat

el queso

fromage

el helado

glace

el azúcar

sucre

la miel

miel

la mermelada

confiture

la pasta de chocolate

crème nougat

el curry

curry

la comida - alimentation

la granja
ferme

el granero
grange

el fardo de paja
botte de paille

el campo
champ

el caballo
cheval

el remolque
remorque

el potrillo
poulain

el tractor
tracteur

el burro
âne

el cordero
agneau

la oveja
mouton

la cabra

chèvre

la vaca

vache

el ternero

veau

el cerdo

porc

el lechón

porcelet

el toro

taureau

el ganso

oie

el pato

canard

el pollo

poussin

la gallina

poule

el gallo

coq

la rata

rat

el gato

chat

el ratón

souris

el buey

bœuf

el perro

chien

la cucha

chenil

la manguera

tuyau de jardin

la regadera

arrosoir

la guadaña

faucheuse

el arado

charrue

la hoz
faucille

la azada
pioche

la horquilla
fourche

el hacha
hache

la carretilla
brouette

el abrevadero
cuve

la lechera
pot à lait

la bolsa
sac

la reja
clôture

el establo
étable

el invernadero
serre

el suelo
sol

la semilla
semences

el fertilizador
engrais

la cosechadora
moissonneuse-batteuse

cosechar

récolter

la cosecha

récolte

las batatas

igname

el trigo

blé

la soja

soja

la papa

pomme de terre

el maíz

maïs

la semilla de colza

colza

el árbol frutal

arbre fruitier

la mandioca

manioc

los cereales

céréales

la chimenea
cheminée

el techo
toit

el caño de desagüe
gouttière

la ventana
fenêtre

el garaje
garage

el timbre
sonnette

la puerta
porte

el tacho de basura
poubelle

el buzón
boîte aux lettres

el jardín
jardin

el living
salon

el baño
salle de bain

la cocina
cuisine

el dormitorio
chambre à coucher

el cuarto de los chicos
chambre d'enfant

el comedor
salle à manger

el piso
sol

la pared
mur

el cielorraso
plafond

el sótano
cave

el sauna
sauna

el balcón
balcon

la terraza
terrasse

la pileta
piscine

la cortadora de pasto
tondeuse à gazon

la sábana
housse

el acolchado
couette

la cama
lit

la escoba
balai

el balde
sceau

el interruptor
interrupteur

el empapelado
papier peint

la imagen
image

la lámpara
lampe

el estante
étagère

el armario
armoire

la televisión
télé

la chimenea
cheminée

la flor
fleur

el almohadón
coussin

el sofá
sofa

el florero
vase

el control remoto
télécommande

la alfombra
tapis

la cortina
rideau

la mesa
table

la silla
chaise

la mecedora
chaise à bascule

el sillón
fauteuil

el libro

livre

la frazada

couverture

la decoración

décoration

la leña

bois de chauffage

la película

film

el equipo de música

chaîne hi-fi

la llave

clé

el diario

journal

la pintura

peinture

el póster

poster

la radio

radio

el cuaderno

bloc-notes

la aspiradora

aspirateur

el cactus

cactus

la vela

bougie

la heladera
réfrigérateur

el microondas
four à micro-ondes

la balanza de cocina
balance de cuisine

la tostadora
grille-pain

el detergente
détergent

el horno
four

el freezer
compartiment congélateur

el tacho de basura
poubelle

el lavaplatos
lave-vaisselle

la cocina
....
four

la olla
....
casserole

la olla de hierro fundido
....
marmite

el wok
....
wok / kadai

la sartén
....
poêle

la pava
....
bouilloire electrique

la vaporera

cuiseur vapeur

la bandeja de horno

plaque de cuisson

la vajilla

vaisselle

la taza

gobelet

el bol

coupe

los palitos

baguettes

el cucharón

louche

la espátula

spatule

la batidora

fouet

el colador

passoire

el colador

tamis

el rallador

râpe

el mortero

mortier

la parrilla

barbecue

la fogata

cheminée

la tabla de picar

planche à découper

el palo de amasar

rouleau à pâtisserie

el sacacorchos

tire-bouchon

la lata

boîte

el abrelatas

ouvre-boîte

la manopla

maniques

la pileta

lavabo

el cepillo

brosse

la esponja

éponge

la batidora

mixeur

el congelador

congélateur

la mamadera

biberon

la canilla

robinet

la cocina - cuisine

la ducha
douche

la calefacción
chauffage

la toalla
serviette

la cortina de la ducha
rideau de douche

el baño de espuma
bain moussant

la bañadera
baignoire

el vaso
verre

el lavarropas
machine à laver

la canilla
robinet

las baldosas
carrelage

la pelela
pot

la pileta
lavabo

el inodoro
toilettes

la letrina
toilette à la turque

el bidé
bidet

el mingitorio
urinoir

el papel higiénico
papier toilette

el cepillo para el inodoro

brosse à toilette

el cepillo de dientes

brosse à dents

el dentífrico

dentifrice

el hilo dental

fil dentaire

lavar

laver

la ducha de mano

douche manuelle

la ducha higiénica

douche intime

la palangana

vasque

el cepillo para la espalda

brosse dorsale

el jabón

savon

el gel de ducha

gel douche

el shampoo

shampooing

la toallita

gant de toilette

el desagüe

écoulement

la crema

crème

el desodorante

déodorant

el baño - salle de bain

el espejo

miroir

el espejito

miroir cosmétique

la maquinita de afeitar

rasoir

la espuma de afeitar

mousse à raser

el aftershave

après-rasage

el peine

peigne

el cepillo

brosse

el secador de pelo

sèche-cheveux

el spray

laque pour cheveux

el maquillaje

fond de teint

el lápiz de labios

rouge à lèvres

el esmalte para uñas

vernis à ongles

el algodón

ouate

la tijera para uñas

coupe-ongles

el perfume

parfum

el portacosméticos

trousse de toilette

la banqueta

tabouret

la balanza

pèse-personne

la bata

peignoir

los guantes de goma

gants de nettoyage

el tampón

tampon

la toallita femenina

serviettes hygiéniques

el baño químico

toilette chimique

el baño - salle de bain

el despertador
réveil

el peluche
doudou

el coche de juguete
voiture jouet

el sonajero
hochet

la casa de muñecas
maison de poupée

el regalo
cadeau

el globo

ballon

la cama

lit

el cochecito

poussette

las cartas

jeu de cartes

el rompecabezas

puzzle

la historieta

bande dessinée

las piezas de lego

pièces lego

los ladrillos de juguete

blocs de construction

la figura de acción

figurine

el enterito (de bebé)

grenouillère

el frisbee

frisbee

el móvil para bebés

mobile

el juego de mesa

jeu de société

los dados

dé

el tren eléctrico

train miniature

el chupete

sucette

la fiesta

fête

el libro de cuentos ilustrado

livre d'images

la pelota

balle

la muñeca

poupée

jugar

jouer

el arenero

bac à sable

la hamaca

balançoire

los juguetes

jouets

la consola de videojuegos

console de jeu

el triciclo

tricycle

el osito de peluche

ours en peluche

el armario

armoire

la ropa

vêtements

las medias

chaussettes

las medias panty

bas

las calzas

collant

la bufanda
écharpe

el paraguas
parapluie

el cinturón
ceinture

la remera
t-shirt

las zapatillas
baskets

las botas
bottes

las pantuflas
pantoufles

las sandalias
....
sandales

los zapatos
....
chaussures

las botas de goma
....
bottes de caoutchouc

la ropa interior
....
sous-vêtements

el corpiño
....
soutien-gorge

el chaleco
....
maillot de corps

el body

body

los pantalones

pantalon

los jeans

jean

la pollera

jupe

la blusa

chemisier

la camisa

chemise

el pulóver

pull

el buzo

sweat à capuche

el blazer

veste

la campera

veste

el tapado

manteau

el piloto

imperméable

el traje

costume

el vestido

robe

el vestido de novia

robe de mariée

el traje

costume

el camisón

chemise de nuit

el pijama

pyjama

el sari

sari

el pañuelo para la cabeza

foulard

el turbante

turban

la burka

burqa

el caftán

caftan

la abaya

abaya

el traje de baño

maillot de bain

el short de baño

maillot de bain

los shorts

short

el jogging

tenue d'entraînement

el delantal

tablier

los guantes

gants

el botón

bouton

los anteojos

lunettes

la pulsera

bracelet

el collar

collier

el anillo

bague

el aro

boucle d'oreille

la gorra

bonnet

la percha

cintre

el sombrero

chapeau

la corbata

cravate

el cierre

fermeture éclair

el casco

casque

los tiradores

bretelles

el uniforme escolar

uniforme scolaire

el uniforme

uniforme

el babero
bavoir

el chupete
sucette

el pañal
lange

el servidor
serveur

el archivero
armoire d'archivage

la impresora
imprimante

el monitor
écran

el papel
papier

el escritorio
bureau

el mouse
souris

la carpeta
classeur

el teclado
clavier

el tacho (de basura)
corbeille à papier

la silla
chaise

la computadora
ordinateur

la taza de café
tasse de café

la calculadora
calculatrice

el internet
internet

la laptop

ordinateur portable

la carta

lettre

el mensaje

message

el celular

portable

la red

réseau

la fotocopiadora

photocopieuse

el software

logiciel

el teléfono

téléphone

el tomacorriente

prise

el fax

fax

el formulario

formulaire

el documento

document

comprar

acheter

pagar

payer

hacer negocios

faire du commerce

el dinero

monnaie

 USD

el dólar

dollar

 EUR

el euro

euro

 JPY

el yen

yen

 RUB

el rublo

rouble

 CHF

el franco suizo

franc suisse

 CNY

el yuan

renminbi yuan

 INR

la rupia

roupie

el cajero automático

distributeur automatique

la casa de cambio

bureau de change

el oro

or

la plata

argent

el petróleo

pétrole

la energía

énergie

el precio

prix

el contrato

contrat

el impuesto

taxe

la acción

action

trabajar

travailler

el empleado

employé

el empleador

employeur

la fábrica

usine

el negocio

magasin

el bombero
pompier

el policía
agent de police

el cocinero
cuisinier

el médico
médecin

el piloto
pilote

el jardinero

jardinier

el carpintero

menuisier

la modista

couturière

el juez

juge

el farmacéutico

chimiste

el actor

acteur

el colectivero

conducteur de bus

el taxista

chauffeur de taxi

el pescador

pêcheur

la mucama

femme de ménage

el techista

couvreur

el mozo

serveur

el cazador

chasseur

el pintor

peintre

el panadero

boulanger

el electricista

électricien

el albañil

ouvrier

el ingeniero

ingénieur

el carnicero

boucher

el plomero

plombier

el cartero

facteur

el soldado

soldat

el arquitecto

architecte

el cajero

caissier

el florista

fleuriste

el peluquero

coiffeur

el cobrador

contrôleur

el mecánico

mécanicien

el capitán

capitaine

el dentista

dentiste

el científico

scientifique

el rabino

rabbin

el imán

imam

el monje

moine

el sacerdote

prêtre

el martillo
marteau

la tenaza
pinces

el destornillador
tournevis

la llave
clé

la linterna
torche

la excavadora
pelleteuse

la caja de herramientas
boîte à outils

la escalera portátil
échelle

la sierra
scie

los clavos
clous

el taladro
perceuse

arreglar
......
réparer

la pala de jardín
......
pelle

¡Qué bronca!
......
Mince !

la pala de plástico
......
pelle

el tacho de pintura
......
pot de peinture

los tornillos
......
vis

los instrumentos musicales
instruments de musique

la batería
batterie

el parlante
haut-parleurs

la guitarra
guitare

el contrabajo
contrebasse

la trompeta
trompette

el piano

piano

el violín

violon

el bajo

basse

los timbales

timbales

el tambor

tambour

el teclado

piano électrique

el saxofón

saxophone

la flauta

flûte

el micrófono

microphone

la entrada
entrée

el tigre
tigre

la jaula
cage

la cebra
zèbre

el alimento para animales
alimentation animale

el oso panda
panda

los animales
animaux

el elefante
éléphant

el canguro
kangourou

el rinoceronte
rhinocéros

el gorila
gorille

el oso
ours

el camello

chameau

el avestruz

autruche

el león

lion

el mono

singe

el flamenco

flamand rose

el loro

perroquet

el oso polar

ours polaire

el pingüino

pingouin

el tiburón

requin

el pavo real

paon

la serpiente

serpent

el cocodrilo

crocodile

el cuidador del zoológico

gardien de zoo

la foca

phoque

el jaguar

jaguar

el poni
poney

el leopardo
léopard

el hipopótamo
hippopotame

la jirafa
girafe

el águila
aigle

el jabalí
sanglier

el pescado
poisson

la tortuga
tortue

la morsa
morse

el zorro
renard

la gacela
gazelle

el fútbol americano
american Football

el ciclismo
cyclisme

el tenis
tennis

el básquet
basket-ball

la natación
natation

el boxeo
boxe

el hockey sobre hielo
hockey sur glace

el fútbol
football

el bádminton
badminton

el atletismo
athlétisme

el handball
handball

el esquí
ski

el polo
polo

reír
rire

saltar
sauter

abrazar
embrasser

caminar
marcher

cantar
chanter

soñar
rêver

rezar
prier

besar
faire la bise

escribir

écrire

dibujar

dessiner

mostrar

montrer

presionar

pousser

dar

donner

tomar

prendre

tener
avoir

hacer
faire

ser
être

estar parado
être debout

correr
courir

tirar
trier

tirar
jeter

caer
tomber

estar acostado
être couché

esperar
attendre

llevar
porter

estar sentado
être assis

vestirse
s'habiller

dormir
dormir

despertar
se réveiller

mirar

regarder

llorar

pleurer

acariciar

caresser

peinar

peigner

hablar

parler

entender

comprendre

preguntar

demander

escuchar

écouter

beber

boire

comer

manger

ordenar

ranger

amar

aimer

cocinar

cuire

manejar

conduire

volar

voler

navegar

faire de la voile

calcular

calculer

leer

lire

aprender

apprendre

trabajar

travailler

casarse

se marier

coser

coudre

cepillarse los dientes

brosser les dents

matar

tuer

fumar

fumer

enviar

envoyer

la abuela
grand-mère

el abuelo
grand-père

el padre
père

la madre
mère

el bebé
bébé

la hija
fille

el hijo
fils

el invitado

hôte

la tía

tante

el tío

oncle

el hermano

frère

la hermana

sœur

la frente
front

el ojo
œil

el hombro
épaule

el dedo
doigt

la cara
visage

la pera
menton

la mano
main

la pierna
jambe

el pecho
poitrine

el brazo
bras

el bebé

bébé

el hombre

homme

la mujer

femme

la nena

fille

el nene

garçon

la cabeza

tête

la espalda
dos

la panza
ventre

el ombligo
nombril

el dedo del pie
orteil

el talón
talon

el hueso
os

la cadera
hanche

la rodilla
genou

el codo
coude

la nariz
nez

la cola
fesses

la piel
peau

el cachete
joue

la oreja
oreille

el labio
lèvre

la boca
bouche

el diente
dent

la lengua
langue

el cerebro
cerveau

el corazón
cœur

el músculo
muscle

el pulmón
poumons

el hígado
foie

el estómago
estomac

los riñones
reins

el sexo
rapport sexuel

el preservativo
préservatif

el óvulo
ovule

el semen
sperme

el embarazo
grossesse

la menstruación

menstruation

la vagina

vagin

el pene

pénis

la ceja

sourcil

el pelo

cheveux

el cuello

cou

el hospital
hôpital

la ambulancia
ambulance

la silla de ruedas
fauteuil roulant

la fractura
fracture

el médico

médecin

la sala de guardia

service des urgences

la enfermera

infirmière

la emergencia

urgence

inconsciente

inconscient

el dolor

douleur

la lesión

blessure

la hemorragia

hémorragie

el infarto

crise cardiaque

el ACV

attaque cérébrale

la alergia

allergie

la tos

toux

la fiebre

fièvre

la gripe

grippe

la diarrea

diarrhée

el dolor de cabeza

mal de tête

el cáncer

cancer

la diabetes

diabète

el cirujano

chirurgien

el bisturí

scalpel

la operación

opération

la TC
CT

los rayos x
radiographie

la ecografía
échographie

el barbijo
masque

la enfermedad
maladie

la sala de espera
salle d'attente

la muleta
béquille

la curita
pansement

la venda
pansement

la inyección
injection

el estetoscopio
stéthoscope

la camilla
brancard

el termómetro
thermomètre

el nacimiento
accouchement

el sobrepeso
surcharge pondérale

el audífono

appareil auditif

el desinfectante

désinfectant

la infección

infection

el virus

virus

el VIH / SIDA

VIH / sida

el remedio

médicament

la vacunación

vaccination

los comprimidos

comprimés

la pastilla anticonceptiva

pilule

la llamada de emergencia

appel d'urgence

el tensiómetro

tensiomètre

enfermo / sano

malade / sain

¡Ayuda!

Au secours !

la alarma

alarme

la agresión

assaut

el ataque

attaque

el peligro

danger

la salida de emergencia

sortie de secours

¡Fuego!

Au feu!

el matafuego

extincteur

el accidente

accident

el botiquín de primeros
auxilios

trousse de premier secours

el SOS

SOS

la policía

police

Europa

Europe

América del Norte

Amérique du Nord

América del Sur

Amérique du Sud

África

Afrique

Asia

Asie

Australia

Australie

el Atlántico

Océan atlantique

el Pacífico

Océan pacifique

el Océano Índico

Océan indien

el Océano Antártico

Océan antarctique

el Océano Ártico

Océan arctique

el polo norte

pôle nord

el polo sur

pôle sud

la Antártida

Antarctique

la Tierra

terre

la tierra

pays

el mar

mer

la isla

île

la nación

nation

el estado

état

la esfera

cadran

la manecilla de las horas

aiguille des heures

el minutero

aiguille des minutes

el segundero

aiguille des secondes

¿Qué hora es?

Quelle heure est-il ?

el día

jour

la hora

temps

ahora

maintenant

el reloj digital

montre digitale

el minuto

minute

la hora

heure

lunes / lundi · miércoles / mercredi · viernes / vendredi · martes / mardi · sábado / samedi · jueves / jeudi · domingo / dimanche

ayer

hier

hoy

aujourd'hui

mañana

demain

la mañana

matin

el mediodía

midi

la tarde

soir

los días hábiles

jours ouvrables

el fin de semana

week-end

la lluvia
pluie

el arco iris
arc-en-ciel

la nieve
neige

el viento
vent

la primavera
printemps

el otoño
automne

el verano
été

el ínvierno
hiver

4.APRIL	11°	☀
5.APRIL	4°	☁
6.APRIL	13°	☁
7.APRIL	8°	☀
8.APRIL	10°	☀

el pronóstico meteorológico

....

météo

el termómetro

....

thermomètre

la luz del sol

....

lumière du soleil

la nube

....

nuage

la niebla

....

brouillard

la humedad

....

humidité

el rayo

foudre

el trueno

tonnerre

la tormenta

tempête

el granizo

grêle

el monzón

mousson

la inundación

inondation

el hielo

glace

enero

janvier

febrero

février

marzo

mars

abril

avril

mayo

mai

junio

juin

julio

juillet

agosto

août

septiembre
....
septembre

octubre
....
octobre

noviembre
....
novembre

diciembre
....
décembre

las formas

formes

el círculo
....
cercle

el cuadrado
....
carré

el rectángulo
....
rectangle

el triángulo
....
triangle

la esfera
....
sphère

el cubo
....
cube

blanco

blanc

amarillo

jaune

naranja

orange

rosa

rose

rojo

rouge

violeta

violet

azul

bleu

verde

vert

marrón

marron

gris

gris

negro

noir

mucho / poco

beaucoup / peu

enojado / tranquilo

fâché / calme

lindo / feo

joli / laid

el principio / el fin

début / fin

grande / chico

grand / petit

claro / oscuro

clair / obscure

el hermano / la hermana

frère / soeur

limpio / sucio

propre / sale

completo / incompleto

complet / incomplet

el día / la noche

jour / nuit

muerto / vivo

mort / vivant

ancho / angosto

large / étroit

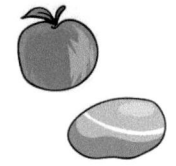

comestible / no comestible

comestible / incomestible

malo / amable

méchant / gentil

entusiasmado / aburrido

excité / ennuyé

gordo / flaco

gros / mince

primero / último

premier / dernier

el amigo / el enemigo

ami / ennemi

lleno / vacío

plein / vide

duro / blando

dur / souple

pesado / liviano

lourd / léger

el hambre / la sed

faim / soif

enfermo / sano

malade / sain

ilegal / legal

illégal / légal

inteligente / estúpido

intelligent / stupide

izquierda / derecha

gauche / droite

cerca / lejos

proche / loin

nuevo / usado

nouveau / usé

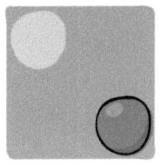

nada / algo

rien / quelque chose

viejo / joven

vieux / jeune

encendido / apagado

marche / arrêt

abierto / cerrado

ouvert / fermé

silencioso / ruidoso

faible / fort

rico / pobre

riche / pauvre

correcto / incorrecto

correct / incorrect

áspero / suave

rugueux / lisse

triste / contento

triste / heureux

corto / largo

court / long

lento / rápido

lent / rapide

mojado / seco

mouillé / sec

caliente / frío

chaud / froid

guerra / paz

guerre / paix

los opuestos - oppositions

0

cero

zéro

1

uno

un / une

2

dos

deux

3

tres

trois

4

cuatro

quatre

5

cinco

cinq

6

seis

six

7

siete

sept

8

ocho

huit

9

nueve

neuf

10

diez

dix

11

once

onze

12

doce

douze

13

trece

treize

14

catorce

quatorze

15

quince

quinze

16

dieciséis

seize

17

diecisiete

dix-sept

18

dieciocho

dix-huit

19

diecinueve

dix-neuf

20

veinte

vingt

100

cien

cent

1.000

mil

mille

1.000.000

el millón

million

el inglés

anglais

el inglés americano

anglais américain

el chino mandarín

chinois mandarin

el hindi

hindi

el español

espagnol

el francés

français

el árabe

arabe

el ruso

russe

el portugués

portugais

el bengalí

bengali

el alemán

allemand

el japonés

japonais

yo

je

vos

tu

él / ella

il / elle / ce, c', cela

nosotros

nous

ustedes

vous

ellos

ils / elles

¿quién?

Qui ?

¿qué?

Quoi ?

¿cómo?

Comment ?

¿dónde?

Où ?

¿cuándo?

Quand ?

el nombre

nom

detrás

derrière

en

dans

adelante de

devant

por encima de

au-dessus

sobre

sur

debajo de

en-dessous

al lado de

à côté de

entre

entre

el lugar

lieu